AF236526

LÄSTERZIRKUS MEINES WUTKRAWALLS

Wundertütenpoet

VON

TINA HÜSCH

DIE MÖGLICHKEITEN
VON SCHIMPFWORTEN UND POESIE

Bibliografische Information der Deutschen Nationalbibliothek: Die
Deutsche Nationalbibliothek verzeichnet diese Publikation in der
Deutschen Nationalbibliografie; detaillierte bibliografische Daten
sind im Internet über dnb.dnb.de abrufbar.

ISBN: 9783753417189

Herstellung und Verlag: BoD – Books on Demand, Norderstedt

ABOUT ME

Ich bin störrisch wie ein junger Esel und habe ein Köpflein aus hartem Basalt.

Dafür ist mein naives Herz aus purem Gold und der Frohsinn mein bester Spielgefährte.

Ich liebe es, wenn die Sonnenstrahlen durch die Wolken brechen, und glaube an Feen und Elfen, vor Trollen habe ich großen Respekt.

In meinem kleinen Universum ist die Raumstation meiner Phantasie mein sicherer Hafen und ich der Comic-Held, der die Erde retten kann.

Noch nie wollte ich Prinzessin sein, doch auf das Pferd des Prinzen habe ich schon immer ein Auge geworfen.

Ich träume zu viel, mag kilometerweite Spaziergänge und lasse mir von meinem Einfallsreichtum täglich eine neue Geschichte erzählen.

Komm mit in meine Welt und schau Dir an, dass man selbst aus purem Ärger mit Kreativität noch fröhliche Sachen machen kann.

Viel Spaß dabei, wenn mein Schabernack auf die Wut des Welttheaters trifft.

TINA

FÜR MEINES

VOGELS SCHÖNSTEN

SPLEEN ...

Für alle die,

die auch im größten Ärger

das Lachen nicht verlieren

und ihrer Wut mit Mut begegnen.

Für Dich,

weil Du Deiner Fröhlichkeit treu bleibst

und nie den Humor verlierst.

INHALT

EINBLICK, EINSICHT, ERKENNTNIS ...

So mittendrin in unserem Leben, unterwegs auf der Reise, kennt sie doch jeder, die kleinen Scharmützel unseres Seins.

Auch wenn man es nicht darauf anlegt oder gar versucht, jedem Streit und Zwist aus dem Weg zu gehen, so ist es doch nicht immer möglich, den Umweg so zu gestalten, dass man den Menschen und Dingen gegenüber immer kalt und in vollkommener Ruhe bleiben kann.

Irgendwann ist man unweigerlich auf Krawall gebürstet und es kommt zu einem Scharmützel, ob man dies möchte oder nicht ...

Doch wie ein Gewitter die Luft reinigt und danach alles klar und rein erscheint, genauso ist es manchmal von Wichtigkeit, seine eigene Meinung zu vertreten, sich selbst treu zu sein und einer „Meinungsverschiedenheit" in die Augen zu sehen, ohne ihr auszuweichen.

Denn wer immer nur die Meinung der anderen annimmt, der hat zum Schluss keine eigene Meinung mehr und muss sich dann auch nicht wundern, wenn der Eindruck entsteht, dass niemand nach seiner Meinung fragt und darauf Wert legt.

Das bedeutet nicht, dass man meinungsresistent sein sollte oder keine Verbesserung annehmen darf, vielmehr geht es darum, aus der Feigheit des eigenen Harmoniebedürfnisses heraus nicht alles zu schlucken und sich selbst zum Sklaven seiner eigenen Nachgiebigkeit werden zu lassen.

Das Leben schickt uns immer wieder neue Herausforderungen und Lektionen, an denen wir wachsen oder zerbrechen können.

Ich glaube, ich brauche nicht zu fragen, wer zerbrechen möchte … natürlich wollen wir alle wachsen, und das Zaubermittel, was uns alle nicht verzagen lässt, ist, in jeder Situation den nötigen Humor zu besitzen, damit man die Probleme erst einmal in kleine portionierte Bissen zerlachen kann.

Denn wie wir alle wissen, heißt das Passwort fürs Leben „Humor" und er ist das beste Kleidungsstück, was man in einer verängstigten und verärgerten Gesellschaft tragen kann.

Humor ist der oberste Knopf des Hemdes, der verhindert, dass einem der Kragen platzt.

Doch auch unser Humor braucht ab und an ein paar kunterbunte Schimpfworte, die ihn besänftigen und ihn seine Meinung ausdrücken lassen.

Zwar waren Blödmann und doofe Kuh in meiner Kindheit die schlimmsten Schimpfworte, doch ich habe für die Freiheit meiner Seele einige dazugelernt, wie Du gleich beim weiteren Lesen feststellen wirst.

Denn jeder Mensch erlebt Enttäuschungen in seinem Leben, und um diese gut verarbeiten zu können, braucht die Seele Luft und viel Platz, und den bekommt sie – in manchen Fällen – am besten, schnellsten und effektivsten mit Schimpfworten hin.

Dies soll kein Ratschlag zum unkontrollierten Drauflosmeckern sein, denn Meckern ist wie Gasgeben im Leerlauf.

Beim reinen Meckern und bloßen Hoffen, in des anderen Ohren Gehör zu finden, passiert rein gar nichts, außer dass die Wut der eigenen Verzweiflung anfängt zu schwellen und sich zu einem riesigen Knoten aufbaut.

Ein paar Schimpfworte und gleichmäßiges Atmen im Dialog mit der eigenen Seele hingegen bringen den Knoten zum Platzen, reinigen die Luft und machen alles wieder wie neu.

Angelegenheiten nur in sich hineinzufressen, macht den Körper und die Seele auf Dauer krank.

Die Schuld immer bei sich alleine zu suchen, lässt das Wohlwollen und den Selbstrespekt für die eigene Seele schwinden.

Also betrachte alle Vorkommnisse in Deinem Leben als eine Art Spiegel und Wegweiser, lerne aus den Ereignissen Deines Lebens, damit sie weder vergebens sind, noch sich in Dauerschleife wiederholen werden.

Bestücke alles, was negativ scheint, mit einer Menge Humor und würze mit ein paar schönen und ausgefallenen Schimpfworten nach, so dass Deine eigene Kreativität – die Probleme zu titulieren – Dich bereits zum Lachen bringt, und Dein Leben kommt in Fluss.

Denn mit der Treue zur eignen Seele und Humor im Blut braucht es nur noch das Überlaufventil der geflügelten Schimpfworte und nichts, aber auch wirklich nichts kann Dich dann noch aus der Bahn werfen.

Zwar wird Dein System hier und da immer mal wieder verwackelt werden, doch nie wird es so schlimm, dass es Dich in die Knie zwingen kann.

Denk daran, dass man sich auch immer nur so sehr ärgern kann, wie man es selbst zulässt.

Du alleine bist derjenige, der darüber entscheidet, wie sehr Du Dich ärgerst, wie sehr Du beleidigt bist und wie sehr Dir etwas wehtut.

Du kannst Tage lang damit verbringen, vom Ärger beleidigt zu jammern, doch Du bist in keiner Weise dazu verpflichtet.

Mach Dir und Deiner Seele Luft und Platz, rüttle Deinen Humor wach, hau ein paar Schimpfworte Deinem eigenen Geist vor die Füße und besorge Dir Schokolade für die Seele, indem Du etwas tust, was nur Dir guttut, so hast Du den eigenen Reset-Knopf gedrückt und kannst wieder mit Freude von Neuem beginnen.

Verharre niemals in der Annahme, dass ein anderer Mensch auf dieser Welt dafür zuständig ist, Dich bei Laune zu halten.

Selbst wenn Dich jemand beleidigt, kannst Du immer nur so eingeschnappt sein, wie Du es selbst zulässt. Und wem schadet es im Endeffekt?

Doch nur Dir alleine, der andere tanzt meist schon wieder durch sein Leben, während Du schmollend in der Ecke sitzt und Deinem Leben das beleidigte Kleinkind vorspielst.

Steh alleine wieder auf, sieh die Schönheit Deines Lebens und verstehe, dass kein Mensch Dir verbal etwas antun kann, was Du nicht zulässt. Denn erst wenn Du den Worten eines anderen Menschen Energie schenkst, beginnen sie zu wachsen und werden Dich in Deine Träume verfolgen und im Inneren Deiner Seele ihr Unwesen treiben.

Werde zum Profi Deines inneren Grolls, ärgern ist was für Anfänger, Du atmest, lachst, überlegst, haust für Dich allein ein paar Schimpfworte raus und zuckst mit den Schultern.

So macht Ärgern auch noch Spaß, wenn man über die Kreativität der eigenen Wut lachen kann.

Denn das wirklich Ärgerliche an der Sache mit dem Ärger ist, dass man sich ärgert, ohne dass es für irgendjemanden hier auf dieser Welt von Nutzen ist.

Somit steh über ihm, dem Ärger, aber schlucke ihn nicht runter, denn dann treibt er nur unkontrolliert in Dir drinnen sein Unwesen.

Lass ihn raus, doch sei Dir bewusst, dass es immer nur Dein eigener Überdruck ist, der abgebaut werden muss, und dass dies mit Frohsinn und Freude am besten gelingt, wenn man über sich selbst lachen kann und weiß, dass Ärger und unangenehme Gefühle einem Kleinkind gleich sind, das niemals über das Kleinkindalter von drei Jahren herauswachsen wird.

Nimm sie nicht zu ernst, Deine Wut über den Ärger, gib beiden einen Schnuller, eine Rassel und ein paar Klötzchen, Dein Leben wird es Dir danken, wenn Du mit dieser Beschäftigungstherapie die negativen Emotionen im Kindergarten der gruseligen Gefühle miteinander spielen lässt und alle schön beschäftigt und zufrieden sind.

So ausgestattet, wirst Du Dich in Zukunft kaum noch ärgern, vielmehr wirst Du Dich wundern und lachen, die Schimpfworte werden nur noch kurz durch Deinen Kopf huschen, doch meistens werden sie nicht mehr über Deine Lippen fließen.

Die Empörung über jegliches Ärgernis ist wie eine ätzende Substanz, sie zerfrisst immer das Gefäß, in dem sie sich befindet.

Lass nicht zu, dass dieses Gift in Deinem Körper seinen Unfug treiben kann.

Entwickle eine List zum Selbstschutz und lass allen Ärger draußen.

Denn besser draußen in der großen weiten Welt, wo er schnell verfliegen kann, als in Deinem Körper, wo er sich aufstaut, der Ärger, und beginnt zu wachsen und all Deine schönen Gefühle tötet.

Humor an, Ärger aus! ... heißt die Devise!

Wenn der Humor in einem lebt, dann wird man es nie müde, dieses Leben, und die Augen leuchten wie Sterne.

Dieser wundervolle frohsinnige Humor bringt die Seele zum Lachen und das Herz zum Tanzen.

H - eimat

U - nendlichkeit

M - itgefühl

O - ffenherzigkeit

R - ummelplatz

Denn wenn man die **Heimat** in der eigenen Seele findet, eröffnet sich einem die **Unendlichkeit**. Das **Mitgefühl** für alles Leben dieser Welt erwacht und breitet sich durch die **Offenherzigkeit**, die man erlangt hat, aus. Das Leben wird zu einem **Rummelplatz** und jeder Tag ein Fest, denn von heute an wird das Leben nicht nur gelebt, sondern getanzt.

So ausgestattet mit einem wundervollen Frohsinnshumor kann das Leben nur wunderbar werden, wenn man weiß, dass man Scharmützel leben soll, sich selbst treu sein und auch schon mal vor Wut aus der Reihe tanzen darf.

SCHIMPFWORTPOESIE

Bist Du mal auf Krawall gebürstet
und es dürstet Dich innerlich,
ein Scharmützel zu entfachen.
Bleib Dir selbst treu
auf dem Boden der Tatsachen.
Steh dazu,
verschließe nicht Dein Herz,
bekenne Deiner Seele den Schmerz,
versuch es mit Humor zu nehmen,
auch wenn innerlich die Gefühle beben.
Es darf auch mal ein Tränchen rollen,
Du kannst schimpfen und schmollen.
So können schön-schreckliche Schimpfworte fliegen,
und Du musst Dich nicht mehr verbiegen
und alle Worte wiegen,
als wären sie TÜV-geprüft.
So wird der Frohsinn in Dir tanzen
so im Großen und im Ganzen.
Von jetzt an und für alle Zeit,
sei auch wuterfüllt noch für einen Spaß bereit.

Ist es nicht herrlich zu erkennen, dass man auch mal wütend sein muss,
um sich selbst treu sein zu können?

Dass es so wichtig ist, die Gefühle zu leben, und dass es nichts bringt, sie im
Inneren einzusperren, da sie sonst dort ihr Unwesen treiben?

So komm mit mir und lerne sie kennen, meine verunglimpfenden Schmähworte
des fröhlichen Wutanfalls.

WIR WOLLEN UNS ZUSAMMEN LUSTIG HEITER ÄRGERN,
RASEND MACHEN UND HERAUSFORDERND LACHEN
WIE DIE DRACHEN ...

ERSTER STREICH ...

Manchmal hat das Leben einen **Wackelkontakt** und Du wackelst zwischen **Schwachmat, Tollpatsch** und **Glücksdussel** hin und her.

Die **Innere Sintflut** lässt den Pegel der **Wut** ansteigen, und der **Zwist** hat einen Grund zum **Sauer sein.**

Denn auch **Wenn man sich streitet, Aus reiner Gutmütigkeit** heraus, bekommen **Der Liebe Mut und die doofe Wut** Energie.

WACKELKONTAKT

Es gibt so viele Dussel wie Fussel
und Rädchen im System.
Es rettet uns kein Zauber, und dies gilt es zu verstehen.
Aller Ärger wird irgendwann vergehen
und du bist dabei und wirst es sehen.
Nur im Moment ist noch ein bisschen Wackelkontakt,
bis es mit dem großen Wunder klappt.

SCHWACHMAT

Kennst du ihn auch,
diesen Schwachmaten,
auf den immer alle warten,
dem nichts gut genug ist auf der Welt,
der nichts mehr will als nur viel Geld.
Der nicht weiß, wie lachen geht,
und immer seinen Kopf verdreht.
Der die gute Laune klaut,
und jedem die Ideen versaut.
Der, der sich selbst nicht leiden kann,
und so macht es dann jedermann.
Fangt an ihn zu ächten,
als wär er einer der Schlechten.
Doch dabei ist es nur der unfähige Schwachmat,
der sich selbst die Tour versaut,
weil er niemandem mal traut.

TOLLPATSCH

Wenn mein Zornröschen so voller Melancholiebe
nach seinem Vergissmeinnicht sucht,
hat das Herz das Neuland verflucht.
Dann ist das Luftschloss meiner Traumtänzerin zerplatzt
und mein tollpatschiger Geist hat wieder alles verpatzt.

GLÜCKSDUSSEL

Du bist der Dussel meines Lebens,
doch du bist hier nicht vergebens:
Hab viel gelernt,
viel Unsinn entfernt,
mich an dir erwärmt
und viel geschwärmt.
Doch du bist ein Dussel
und wirst es immer sein,
zum Glück hab ich mein Leben
und kann auch ohne Dussel
glücklich sein.

INNERE SINTFLUT

Bist du sauer,
hast du Power!
Liegst in dir selbst leise auf der Lauer
voll von böser, blöder Trauer.
Um dich rum ist eine Mauer,
und deine Schale wird stets rauer.
Da fühlst du ihn, diesen Schauer,
und hoffst, er ist nicht von Dauer.
Denn diese Power tut nicht gut,
sie gleicht einer inneren Sintflut.

WUT

Es ist die Wut,
sie tut nicht gut,
doch gibt sie mir Glut
für meinen Übermut,
den braucht mein Sinn,
wenn ich mal spinn.

ZWIST

Der Zwist, der zum inneren Unfrieden führt,
wenn Bitterkeit die Ernüchterung zu lange schürt.
Das Missfallen die Lizenz zum Hassen bestellt
und sich der große Katzenjammer einstellt.
Dann drücke schnell dein Reset,
denn in dem Moment sind alle komplett
und du kannst die Chance nutzen,
sie alle mit einem Schlag wegzuputzen.
So führst du selbst die große Sintflut herbei,
und fühlst dich danach wieder frei.

SAUER SEIN

Wenn ich sauer bin,
dann bin ich brummig,
richtig böse und verprellt.
Alles in mir zerfällt,
auch wenn es mir gar nicht gefällt.
So lebt es doch heraus aus meinem Blickfeld.
Denn ich habe es selbst bestellt, das Kopfgeld
für die Wut in mir.
Obwohl ich weiß, es ist keine Zier,
so lebt es doch in mir.

WENN MAN SICH STREITET

Wenn man sich streitet, dann kocht die Wut,
es regiert der Zorn mit großer Glut.
Die Erregung lacht die Empörung aus,
und alle wollen hoch hinaus.
Die Hitze des Gemüts, sie lodert,
und alles in einem dreht und brodelt
bis zum höchsten Punkt hinauf
und dann muss es alles raus.
Der Zank macht das Zerwürfnis komplett
und alles hat dann keinen Zweck,
denn die Kühlung, sie ist ausgefallen
und so kann das Blut mal richtig wallen.

AUS REINER GUTMÜTIGKEIT

Du hast meine Gutmütigkeit lang genug ausgenutzt,
nun bist du mir im Herzen verrutscht.
Bist mir aus dem Sinn gefallen,
wirst in der Unendlichkeit verhallen,
hast dir doch nur selbst gefallen.
Und so sage ich es allen,
und man hört es leise hallen,
dieses, mein herrliches Gefühl,
von dir befreit als großes Ziel,
es ist vorbei, dies blöde Spiel!

DER LIEBE MUT UND DIE DOOFE WUT

Irgendwann schäumt nur noch die Wut,
es kocht das Herz,
es tut nicht gut.
Überall ist meine Wut,
doch ich hab endlich wieder Mut.
Ich lass sie raus,
sperr sie nicht ein,
kann so wieder bei mir sein,
bin so frei,
fühl mich so gut
und lach ihn an,
meinen Mut.
Ich danke dir, du doofe Wut!

ERKENNTNISSE DES ERSTEN STREICHS ...

WENN man den Fluss der Energie einmal erkannt hat und nicht mehr
verbannt hat, dann kann man sein in sich daheim.
Schreib sie auf, Deine neuen Erkenntnisse, Deine Wackelkontakte und
wandle sie um in pure Lebensenergie.

. . . .
. . . .
. . . .
. . . .
. . . .
. . . .
. . . .
. . . .
. . . .
. . . .
. . . .
. . . .
. . . .
. . . .

ZWEITER STREICH ...

Es ist nicht einfach, auf seiner Lebensreise immer die äußere und innere Balance zu halten, doch gerade dieses Gleichgewicht braucht unsere Seele, um sich wohlfühlen zu können.

SO HÖRE SIE DIR AN, MEINE GEDICHTE, UND VERNICHTE DEINE WUT NICHT DURCH VERZICHTE.
LASS SIE RAUS, DIE BLÖDE WUT, DANN WIRD ALLES WIEDER GUT ...

Denn wenn man seine eigene **Verhaltensblockade** erkennt, ist meist der **Wutausbruch** auch nicht mehr weit.
Ganz **Von Sinnen** von zu vielen **Dusseldeppfragen** möchte ich **Laut schreien.**
Mein ganzes Sein fühlt sich in **Gefangenschaft**, und jeder **Depp** hat noch einen **Arschdepp** dabei.
Bei dem ganzen **Drum rum** kann ich dann nur noch **An meinen Vogel** glauben, der weiß, dass an manchen Tagen jeder **Egoistische Narzisst** einfach nur **Ein Arschloch** ist.

VERHALTENSBLOCKADE

Dein Verhalten kotzt mich an,
deine Art, mich totzuschweigen.
Das kann ich nur gar nicht leiden.
Kennst nur dich und hast dich gern,
lebst alleine auf 'nem Stern.
Ignorierst mich,
isolierst mich,
und dein Gefühl blockiert mich.

WUTAUSBRUCH

Du triggerst mich,
bringst mich zur Wut,
es kocht der Zorn,
es schäumt die weiße Glut.
Das Herz, es klopft,
der Hals, er schwillt
Das Wort, das fließt,
was alles killt.

VON SINNEN

Er sitzt so tief, der Stachel,
er tut so weh,
er zwickt so doll,
und ich bin von Wut so voll,
so voll von allertiefstem Groll.
Und so blubbre ich vor mich hin,
alles verliert so seinen Sinn,
weil ich selbst von Sinnen bin.

DUSSELDEPPFRAGEN

Wenn schon morgens alle Deppen,
ihre Nasen nach dir recken
und mit ihren Fragen die Welt bringen zum Verzagen.
Denk daran, der Tag wird auch vorübergehen
und abends gibt es Farbfernsehen.
Wo dann neue Dussel kommen,
schnell bist du dann ganz benommen
und dein Geist fühlt sich beklommen
in der Verrücktheit dieser Welt,
wo jeder noch bekloppptere Fragen stellt.
Und für die idiotischste
gibt es dann das meiste Geld.

LAUT SCHREIEN

Manchmal reicht ein Wort,
manchmal nur ein Blick,
oftmals ist es nur ein Tick.
Dann leuchtet der Zorn,
es schwillt der Kamm,
es läuft von vorn
das volle Programm.
Und so gewann noch nie die Vernunft
denn die Wut gibt keine Auskunft.
So steht man da, mit sich allein
und möchte eigentlich nur laut schreien.

GEFANGENSCHAFT

Ich hab dich lang nicht mehr gesehen,
ich hab dich lang nicht mehr gehört,
all das hat dich nicht gestört.
Willst mit dir allein verweilen,
in dir sitzend Mauern ziehen,
so kann ich´s lesen zwischen den nicht vorhandenen Zeilen,
die es nicht gibt auf dieser Welt.
Wirst so bleiben,
in dir drin
ohne jeden Lebenssinn,
bis in alle Ewigkeit,
mit dir allein, anstatt zu zweit.

Depp

Der Depp,
den wir nicht leiden können,
dem wir wirklich nichts auch gönnen.
Der Idiot, der uns in Wallung bringt,
so bis alles in uns spinnt.
Der Vollpfosten, der uns den
Tag versaut
und unsere gute Laune klaut.
Der Dummkopf, dieser Nichtskönner,
dieser Trottel im System.
Wir alle kennen irgendwen,
auf den es zutrifft irgendwie,
und wirklich enden wird es NIE!

ARSCHDEPP

Was 'n Arsch,
was 'n Depp,
was einfach nur 'n Vollnepp.
Kann man so sein?
Frag ich mich das nur allein?
Was ist das gemein!
Was für 'n riesengroßes Schwein!
Und dabei schaut er ganz lieb drein ...
Doch ich schau in mich hinein,
denn da bin ich nicht mehr klein
und weiß für mich insgeheim:
Niemals werde ich
so ein deppischer neppischer Vollarsch sein.

DRUM RUM

Wenn ein Idiot vom Himmelszelt
dir direkt vor die Füße fällt.
Dann lass ihn liegen,
er wird schon keinen Schimmel kriegen.
Heb ihn bloß nicht auf
und tritt nicht drauf,
geh drum rum
und guck nur dumm.

AN MEINEN VOGEL ...

Für meinen großen Vogel
ist der Horizont zu klein.
Dieser Piepmatz muss immer bei mir sein.
Denn nur mit ein wenig Verrücktheit und frohem Sinn
bekomme ich das Überfliegen hin.
Wenn alle denken, dass ich spinn,
können sie nur ihre eignen Meisen nicht sehen
und werden sie auch nie verstehen.
Was bin ich so froh, dass mein Blick ist so frei,
für jegliche Narretei.

EGOISTISCHER NARZISST

Da ist es, dieses narzisstische Arschloch,
die Egozentrik in Person.
Nur die eigene Welt erkennend
und sich im eignen Gefühl verrennend.
Den Eigennutz in allem sehen
und den andren nicht verstehen.
Sich selbst bemitleidend,
in sich selbst verliebt
so, als ob es keine anderen Menschen gibt.
So lebt der egoistische Narzisst,
als ob er auf der Welt alleine ist.

EIN ARSCHLOCH

Ein Arschloch hat jeder,
doch zwei sind entweder zu viel
oder es ist Ärger im Spiel.
So ist es das Ziel,
nur ein Arschloch zu besitzen,
ganz frei von schlechten Witzen,
denn man braucht ja eins zum Sitzen.

ERKENNTNISSE DES ZWEITEN STREICHS ...

WIE heißt sie, Deine Verhaltensblockade, und auf welchen Namen hört Dein Wutausbruch?

Schreibe auf, was Dich von Sinnen macht und warum es manchmal am besten ist, an seinen eigenen Vogel zu glauben.

Nimm Dir jetzt die Zeit, lass sie Dir nicht rauben.

. . . .

. . . .

. . . .

. . . .

. . . .

. . . .

. . . .

. . . .

. . . .

. . . .

. . . .

. . . .

. . . .

. . . .

. . . .

. . . .

. . . .

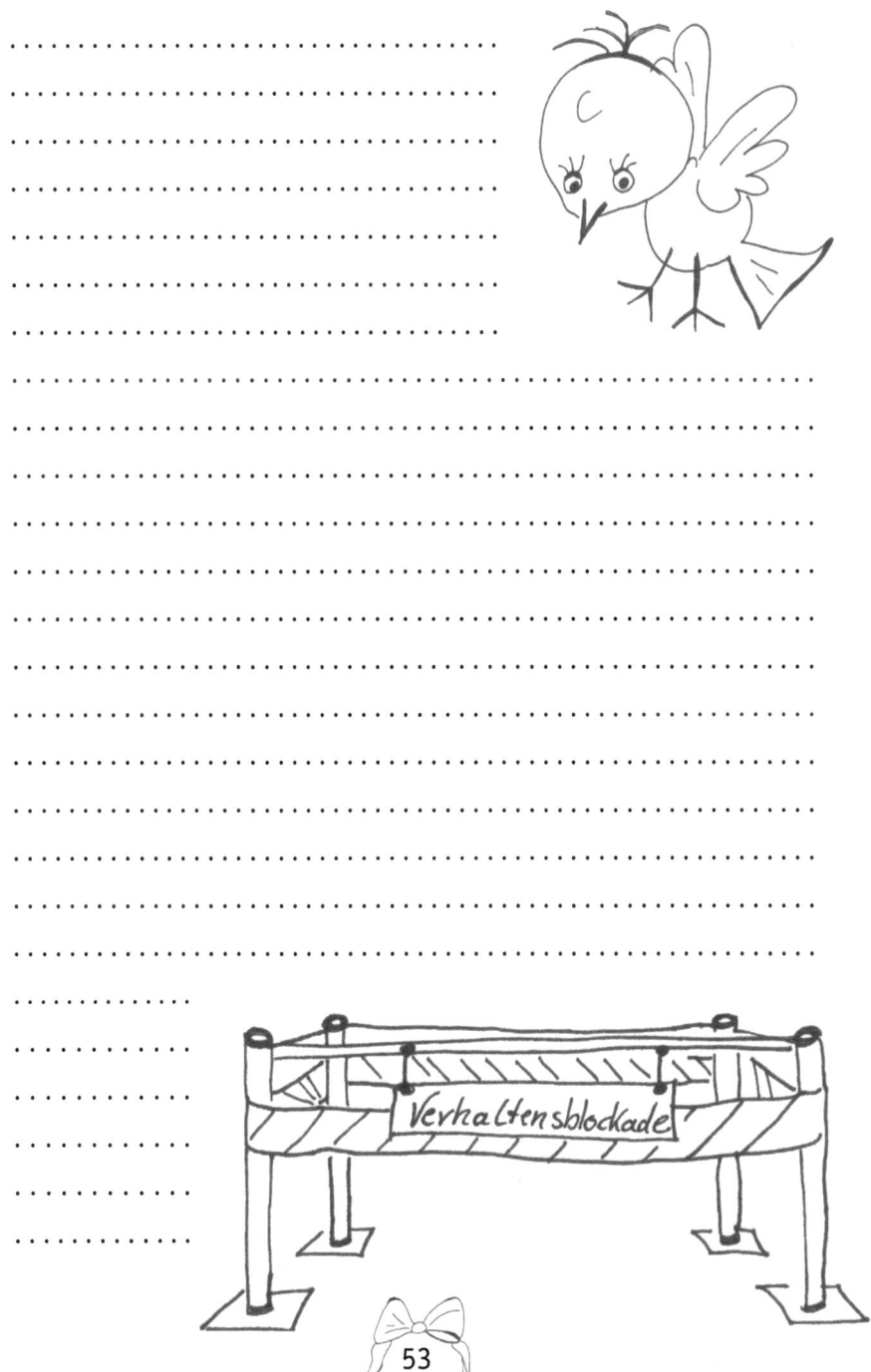

Verhaltensblockade

53

DRITTER STREICH ...

Auch wenn es scheint, dass der Ärger die Oberhand gewinnt, sollte man sich von seinen Träumen und Zielen im Leben nicht abbringen lassen.
Gerade jetzt gilt es, den Wunsch nicht mehr aus den Augen zu verlieren, sondern nur die Taktik zu wechseln.

AUCH WENN ES DEN EINDRUCK MACHT, DASS JEDER SPINNT, DU GEWINNST!
UND SO KOMMEN NOCH EIN PAAR GEDICHTE FÜR DICH ALLEIN, ZUM GLÜCKLICHSEIN ...

Manchmal ist es **Einfach nur krass** zu erkennen, dass die ganzen **Vollpfosten unter den Vollhirschen Perfekt** als **Evolutionsbremse** des Humors dienen.
Da hilft nur eine **Ansage Ohne Schimpfwort**, damit keine **Enttäuschung** aufkommt, so dass **Das große Duell** ohne **Explosion** im **Beleidigt sein** stattfinden kann.
Denn wie wir schließlich alle wissen, ist das Gegenteil von gut **Gut gemeint.**

EINFACH NUR KRASS

Ihr könnt gehen,
ich werde bleiben.
Ihr könnt Dauerhassen,
ich werd's auf Dauer lieber lassen.
Ich werde meinen Weg schon gehen,
ihr müsst mich nicht verstehen.
Und irgendwann werden es alle einsehen,
das mit purem Hass alles ist zu krass.
Und jeglicher Frohsinn fasst sich den Humor
und bringt das Wunder der reinen Freude hervor!

VOLLPFOSTEN UNTER DEN VOLLHIRSCHEN

Ich mag deinen Schuss,
ich liebe deine Muse und bevorrate immer Futter für sie.
Auch wenn du der Vollhirsch unter den Vollpfosten bist,
so bist du doch der Spinner der schönsten Wahnsinnsgeschichten.
Der nicht richtig tickt, da er immer nachgeht.
Du hast keine einzige Tasse mehr im Schrank,
aber einen Sprung in jeder Schüssel.
Als Arschkrampe unter all den Löchern bist du der Star.
Du bist das Ekelpaket der Tugend und ein Halunke vor dem Herrn.
Als hohler Holzkopf hast du zu viel Stroh zwischen den Ohren,
bist ein großer Taugenichts mit Schlawiner im Blut,
ein Schuft bist du,
der sich auf seine Ehrlichkeit beruft.
Ein Lackaffe mit viel zu glattem Haar,
du bist der Schussel, der alle Worte kennt und in meinem Kopf rumrennt.
Ein Hanswurstdampf in allen Gassen
mit dem Hang nix zu verpassen.
Eine geistige Null, die ständig auf der Leitung steht
und einem jedes Wort verdreht.
Ein Dünnbrettbohrer, wie ihn noch keiner sah.
Ein schwarzes Schaf am weißen Firmament.

58

Ein Nichtsnutz, der als Elefant durch den Porzellanladen rennt.

Ein Intelligenzverweigerer auf ganz hohem Niveau.

Ein geistiger Tiefflieger, der jede trübe Tasse grüßt.

Ein Schaumschläger, ein Schlingel, ein Naseweis
für jeden großen Preis.

Ein Knallkopp, ein Luftikus,
ein Bauerntrampel mit großem Programm.

Ein Denkzwerg, ein Dussel, an dich kommt wirklich keiner ran.

Ein Frauenheld mit Höllenhund,
ein Macho im eigenen Seelenbund.

Ein Eigenbrötler, ein Filou,
ein hirnamputierter Kotzbrocken,
der die Flucht ergreift im Nu.

Du blöder Heini, du Hirni, du Hampelmann,
warum stellst du dich nur so blöde an?

Du Schönling, du Schussel, du Schweinehund,
meine Phantasie wird noch ganz wund.

Du Sturkopf, du Tölpel,
du Tunichtgut, du tasmanischer Teufelssohn,
bist ein meinungsresistenter Intelligenzverweigerer.

Doch ich kenn dich schon,
du bist für mich der glatte Hohn
meiner vollkommen verrückten Emotion.

59

60

PERFEKT

Ich will mal was ohne Armleuchter,
ohne Blödmann und Dusseltier.
Ich will mal was in nur Rosa,
ohne Haken, ohne Ösen, ohne Hörner obendrauf,
ohne einen riesigen Suchlauf.
Jemand, der noch Freund sein kann,
und das im Hier, nicht irgendwann.
Jemanden zum Kekseteilen und
in Worten still verweilen.
Jemanden mit 'ner Streitallergie
und einer kaputten Idiotie.
Einen mit 'nem Beleidigtsein-Defekt,
was wäre das so schön perfekt.

EVOLUTIONSBREMSE

Da gibt es diese brummsummseligen Arschkrampen
mit ihrem Vollpfostengesicht.
Deren Einfälle einem gehirnamputierten Kanaldeckel gleichen.
Diese Arschmonarchen mit ihrer Allbesserwisserei,
diese fressmopsigen Eckenpisser und In-die-Hosen-Schisser.
Oh, was hab ich sie so leid!
Diese arschguckenden Arschkrötengesichter,
die nie sind für einen Spaß bereit,
sie sind die Evolutionsbremsen unserer Zeit.

ANSAGE

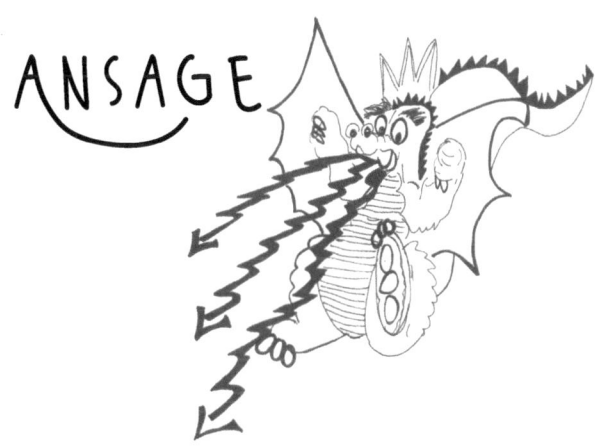

An alle Vollhirsche da draußen,
geht euch doch mal einen saufen,
dann könnt ihr euch selbst wieder ertragen
und bringt die Menschheit nicht zum Verzagen.
Denn soll ich euch mal was sagen,
eure langen Fressen
kann keiner ertragen,
denn ihr könnt euch nur beklagen.
Ihr seid nicht fähig, das Schöne zu sehen,
so wird das Schöne nicht zu euch gehen.
Und dann hilft es zu verstehen,
hier hilft auch kein Fernsehen.
Ihr müsst mal etwas wagen,
dürft nicht immer nur verzagen,
aus euch raus müsst ihr mal gehen,
um das Lachen und das Glück zu sehen.

OHNE SCHIMPFWORT

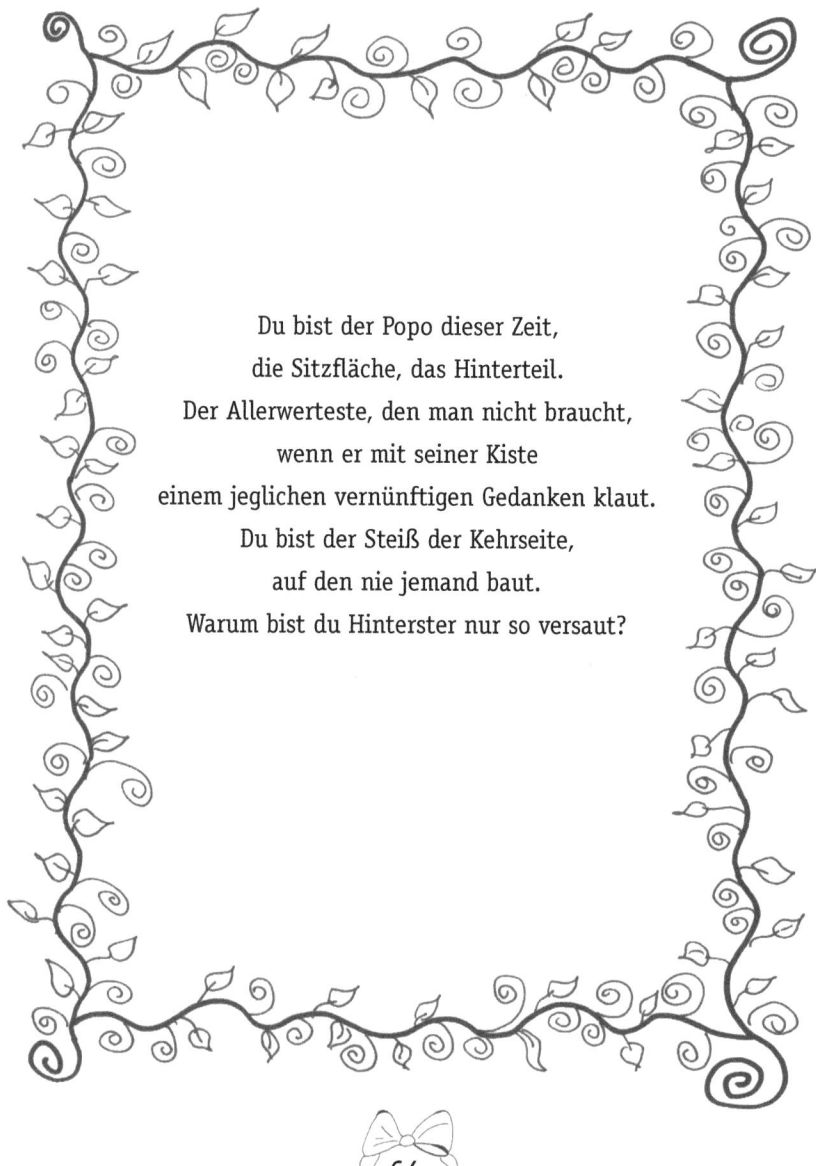

Du bist der Popo dieser Zeit,
die Sitzfläche, das Hinterteil.
Der Allerwerteste, den man nicht braucht,
wenn er mit seiner Kiste
einem jeglichen vernünftigen Gedanken klaut.
Du bist der Steiß der Kehrseite,
auf den nie jemand baut.
Warum bist du Hinterster nur so versaut?

ENTTÄUSCHUNG

Die Enttäuschung in Person,
die kennt doch jeder in seiner Version.
Man braucht sie nicht
und hat sie schnell,
es dreht sich einfach alles grell.
Der Egoismus, den ein jeder kennt,
ist als Enttäuschung jedem fremd.
Und so gehemmt können wir nicht verstehen,
dass auch wir als enttäuschende Person durchgehen.

DAS GROSE DUELL

Im Duell mit der eigenen Kollision,
das kennt wirklich jeder schon.
Doch keiner will es zugeben,
sich zu hassen für sein Tun,
und dann kommt er, der Konsum,
wahllos muss ein Zeug herbei,
für der Seele Allerlei.
Bis der Verstand laut schreit: Auwei!
Darauf folgt der innere Bruch
durch den eigenen Selbstversuch.
Das Seelenheil käuflich zu erwerben,
führt nur zu einem Haufen Scherben,
und dem eignen Verderben.

EXPLOSION

Mein Jähzorn
ist vor Entrüstung ganz grün,
das lässt die Gereiztheit Funken sprühn.
Wenn dann alles ist am Glühen,
treibt es die Tobsucht mit dem Groll
einfach nur viel zu doll.
So bekommt der Missmut die Raserei,
und es ist mit der Geduld ganz schnell vorbei.
Wenn so viel Belladonna in mir ist,
die Explosion ganz leise zischt
und die Empörung zur Echauffiertheit greift,
dann hat es auch meinem Ich gereicht.

BELEIDIGT SEIN

Beleidigt sein
bringt nicht viel ein.
Doch man braucht es hier und da
für den innerlichen Krawall,
denn es kommt immer vor dem großen Knall.
Es ist die Kühlung für unser System,
doch ich muss es nicht verstehen.

GUT GEMEINT

Wenn die Enttäuschung ist zu groß,
weißt du nicht, was machst du bloß?
Kannst es doch nicht vor dir vertuschen,
wenn die Verbitterung in tiefster Trauer
große Krokodilstränen weint.
Dann siehst du in dir selbst den Feind
und hast es gar nicht bös gemeint.
Du weißt nicht,
warum die Sonne nicht mehr scheint.
Wer um alles Himmels in der Welt,
hat es nicht gut mit dir gemeint?

ERKENNTNISSE DES DRITTEN STREICHS ...

WER raubt ihn Dir, Deinen Humor, wer kommt manchmal Deinem Lachen zuvor?

Wo lebt Deine Enttäuschung, wo ist Deine Explosion, wann bist Du beleidigt, und wusstest Du schon, dass man sie besser nie versteckt, die Wut, sonst wird sie zur Weißglut und tut nicht gut.

Schreib's auf und lass es raus!

. . . .

. . . .

. . . .

. . . .

. . . .

. . . .

. . . .

. . . .

. . . .

. . . .

. . . .

. . . .

. . . .

. . . .

. . . .

. . . .

. . . .
. . . .
. . . .
. . . .
. . . .
. . . .
. . . .
. . . .
. . . .
. . . .
. . . .
. . . .
. . . .
. . . .
. . . .
. . . .
. . . .
. . . .
. . . .
. . . .
. . . .

ENTTÄUSCHUNG

71

VIERTER STREICH ...

Ist es nicht wundervoll zu erkennen, dass man auch mal richtig brummsummselig auf Krawall gebürstet sein darf, um der eigenen Seele treu zu bleiben?

Von Zeit zu Zeit ist es gut, wenn aller Ärger entweichen kann, dann gibt es nämlich vielmehr Platz für Schönes.

KOMM MIT UND LÖSE DAS ÜBERDRUCKVENTIL IN DIR, SO BIST DU AUF DER REISE DEINES LEBENS MIT MIR UND MEINE GEDICHTE ERZÄHLEN DIR, WIE SCHÖN ES SEIN KANN IM JETZT UND HIER.

In mir lebt so viel **Übermut**, dass mir **Der tägliche Kladderadatsch** nichts anhaben kann.

Ich habe mir meine **Eigene Welt** geschaffen, in der ich mir **Nudeln statt Sorgen** mache.

Herzenswahnsinn Brauche ich nicht mehr, unter diese **Flitzpiepe** wurde von mir ein dicker **Schlussstrich** gezogen, so habe ich trotz **Schokoladenfluch Kein Problem** mehr und lebe seit **Heute im Glück.**

ÜBERMUT

Ich bin unschubladisierbar
und auch nicht kopierbar.
Pass in keine Norm
und lauf auch nicht konform.
Ich bin unbeschreiblich,
einfach nur weiblich.
Ich fall aus jedem Rahmen,
immer dann, wenn es mir passt,
mein Übermut kennt keine Rast.

DER TÄGLICHE KLADDERADATSCH

Wenn der tägliche Kladderadatsch mal Furore braucht
und der eigene Knall heimlich eine raucht,
hat das Ärgernis sich selbst die Chose versaut
und die Schande sich aus Verzweiflung dem Frohsinn anvertraut.
Dann ist die Bestürzung leergelaufen
und die Verblüffung kurz einen saufen.
So ist der Aufreger verpufft
und die Blamage sagt laut: UFF!

EIGENE WELT

Du bist ein Egoist,
ein purer Narzisst,
egozentrisch dazu
und kennst kein Tabu.
Bleib du mal in deiner Welt,
ich mache mir meine,
wie sie mir gefällt.
Und so erhellt sich mein Sein,
denn jeder ist lieber allein,
als bei einem
egoistischen, narzisstischen Egozentriker zu sein.

NUDELN STATT SORGEN

Eigentlich mach ich mir statt Sorgen lieber Nudeln
und lasse dabei die Musik ein wenig dudeln.
Denn ich mag lachen mehr als weinen,
so kann die Sonne immer scheinen.
Mit ein bisschen Konfetti in meinem Sinn
bekomm ich dann alles Wunderbare
ganz wundervoll hin!
Weil ich nämlich bei mir bin!

HERZENSWAHNSINN

Manchmal ist es schwer,
einfach nur ich selbst zu sein.
Dann fühl ich mich so leer,
doch ich will auch keine andre sein.
Will dann auch mal lustig fluchen,
mit Schimpfen es versuchen,
den Ärger herbeirufen,
die Welt zum Wahnsinn treiben
und einfach in meinem Herzen bleiben.

BRAUCH ICH NICHT ...

Da gibt es diese Hackfresse,
die ich niemals nie vergesse.
Diese Kackbratze des Seins,
der Bezirkstrottel bei sich daheim.
Der Gipskopf mit dem Arschgesicht,
der niemals mit mir spricht.
Das Mondkalb,
das 'nen Grützkopf hat.
Ach, was bin ich es so satt!
So ein Dappschädel mit Döskopp bunt gemischt,
mit 'nem dreckigen Gesicht,
der schlecht über mich spricht,
so 'nen Schwachmatikus brauch ich nicht.

FLITZPIEPE

Ich bin das Zentrum der Chaosforschung
und ein wundervoller Sandkastenchef.
Bin die Knalltüte mit Drachenfutter,
so unterwegs auf meinem Kutter
auf den Weltmeeren der Saumseligkeit.
Bin das Trallafitti für die Zeit.
Die Flitzpiepe, die ewig bleibt
für jeden Spaß bereit.

SCHLUSSSTRICH

Ich war zu nett für dieses Spiel,
doch so ist er wohl, dein Stil,
damit kommst du nicht ans Ziel.
Denn ich setz hier den Schlussstrich an,
direkt jetzt
heut und hier
und nicht erst irgendwann.

SCHOKOLADENFLUCH

Heute schon geflucht
oder bloß ein großes Stück Schokolade ausgesucht?
Ich bin die eigene Komödie in meinem Drama
und die Frisur sitzt wie beim Lama.
Bin die Hexe in der guten Fee,
auch wenn alle es andersrum sehn.
Mir egal, wenn's keiner kann verstehen ...
Es kommt die Zeit, wo die Wunder nie mehr ausgehn,
und bis dahin kann ich fluchen
und es mit Schokolade täglich neu versuchen!

KEIN PROBLEM

An die Arschkrampe des Seins,
lass mich nicht dein Problem sein,
du bist nicht meins,
und so gibt es auch keins.
Wenn wir beide nichts voneinander wissen,
dann geht es mir auch nicht beschissen.
Und so lebe ich glücklich und frei,
wenn du bist nicht dabei.

HEUTE IM GLÜCK

Heute brauch ich nichts mit Trottel,
Vollhorst oder Tunichtgut.
Heute will ich fröhlich sein,
ohne ein Herz in voller Wut.
Heute will ich lauthals lachen,
ganz verrückte Sachen machen.
Will kein Spaßvermissen erleben,
will durch meine Träume schweben.
Ganz gekonnt das Glück besuchen
und nicht über Deppen fluchen.
Will ihn finden, meinen Sinn,
auf dass ich immer bei mir bin.

ERKENNTNISSE DES VIERTEN STREICHS ...

WO hast Du die Kreativität Deines Wortübermuts gefunden und fühlst Du Dich jetzt mehr mit Dir verbunden?

Welche Farben hat Deine eigene Welt, in der kein Herzenswahnsinn mehr Einzug hält?

Wie schmecken Dir die Nudeln statt der Sorgen, jetzt, wo Du Probleme einfach weglachen kannst?

Schreib's hin und gib meinem Büchlein einen Sinn.

. . . .

. . . .

. . . .

. . . .

. . . .

. . . .

. . . .

. . . .

. . . .

. . . .

. . . .

. . . .

. . . .

. . . .

. . . .

. . . .

SCHLUSSHOFFNUNG

Ich hoffe,
dass Du so ausgestattet mit den schönsten
Schimpfworten die Kreativität
bei zukünftigen Ärgernissen
in den Vordergrund stellen kannst.
So wird Deine Phantasie
mehr über Dich selbst lachen,
und die Wut verraucht so schnell wie nie.
Genieße es,
alles von Dir abschütteln zu können
und nichts in Dich hineinzufressen,
so bist Du Dir selbst treu
und fühlst Dich unendlich frei.

Bis bald irgendwo in meiner bunten Welt ...

Wundertütenpoet

Besuche mich auf

www.wundertuetenpoet.de